AF313205

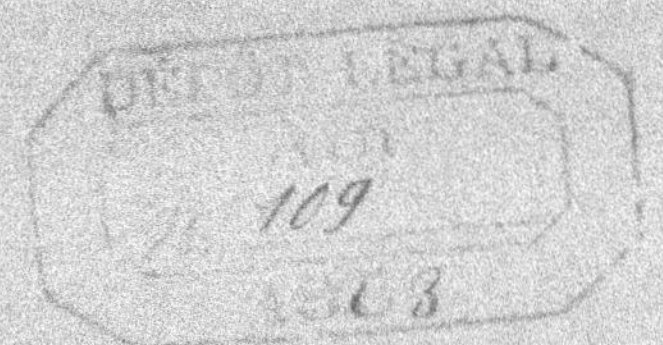

MARC-AMÉDÉE GROMIER

LETTRES MUSICALES

PREMIÈRE PARTIE

PARIS

HACHETTE ET Cⁱᵉ, BOULEVARD ST-GERMAIN, 77

1864

MARC-AMÉDÉE GROMIER

Lettres musicales

PARIS

HACHETTE ET Cⁱᵉ, BOULEVARD ST-GERMAIN, 77

1863

Nantua, imprimerie Arène

LETTRES MUSICALES

PRÉLUDE

Vous êtes-vous quelquefois égarés dans la campagne? Perdus au fond d'un bois, mollement étendus sur l'herbe, accoudés près d'une source limpide, avez-vous quelquefois donné libre cours à votre imagination vagabonde? Plongés dans une rêverie délicieuse, libres de corps, de cœur et d'esprit, vous est-il arrivé de vous oublier complétement vous-mêmes au milieu des magnificences de la nature? Dans ces moments d'abandon et d'abnégation complète de votre humaine individualité, vous avez sans aucun doute été bercés diversement dans votre somnolence par la *musique naturelle*, qui trouve naissance dans chacune des œuvres du Créateur.

L'air, cet agent indispensable de la vie et en même temps cette source unique de la sonorité, apportait-il à vos oreilles surprises le doux murmure des ruisseaux, le bruissement des arbres, le gazouillement des fauvettes, les sons vagues et indescriptibles de la nature en travail, vous rêviez de Dieu, de votre douloureux passage en ce monde, de votre avenir, de vos amours.... La tempête se déchaînait-elle sur la montagne, les eaux d'une cascade voisine vous assourdissaient-elles du fracas de leur chute, entendiez-vous dans le lointain les mille rumeurs d'une ville industrielle, vous songiez à la fortune, aux progrès de l'industrie, à vos enfants qui combattent sous un ciel étranger, à vos élections prochaines.... En un mot, l'état de l'atmosphère que vous respiriez motivait l'état de votre âme. Dans un instant pareil de laisser-aller plus ou moins sentimental, un savant, par suite d'observations réitérées, a soumis au calcul l'échelle immense de ces bruits qui remplissent le monde, depuis le mouvement imperceptible de la feuille jusqu'à l'éclat de la foudre ; il a fixé les deux limites extrêmes du son, et ces appréciations instinctives de notre organe, cette division de l'étendue sonore, que l'homme n'a pas plus

créée qu'il n'a créé les couleurs, c'est l'*octave
musicale*, c'est la *musique* à sa plus simple
expression.

Celui qui créa le monde en six jours et par
sa volonté toute-puissante nous forma à son
image et à sa ressemblance : Dieu voulut que
les diverses parties dont se compose son œuvre
fussent entre elles dans une harmonie complète,
et cette concordance physique nous est démontrée jusqu'à l'évidence par la concordance musicale de tous les sons. Tous, en effet, ont un
même point de départ ; tous se classent métho-
diquement dans des mesures bien définies par
rapport au diapason naturel ; tous, l'échelle
chromatique constituée, s'analysent sans peine
et peuvent être comparés au son régulateur de
la série ; en un mot, quoique d'origine différente, tous peuvent être définis dans des proportions semblables. Puisque donc elle est ba-
sée sur des considérations causées par des faits
physiques de provenance divine, ne nous étonnons point maintenant des propriétés surhu-
maines de la musique. Tout ce qui vient de
Dieu est puissant ; la musique est un bien-
fait du Ciel, elle en est descendue, elle a le droit
de régner sur nos âmes.

Compagne fidèle de l'homme, la musique

charme son existence ; malheureux, elle le con-
sole ; riche, elle multiplie ses plaisirs. Exprimant tour à tour ses désirs, son ivresse ou sa
reconnaissance, elle entretient dans son cœur
le feu sacré de la sensibilité, l'entraîne aux
combats, anime son courage par des sons bel-
liqueux, et c'est elle encore qui préside aux
fêtes triomphales et porte aux Cieux l'hommage
du vainqueur. Miroir expressif, traducteur vé-
ridique des émotions de nos âmes, c'est elle
encore qui fait retentir les échos de nos lugu-
bres plaintes dans un jour de deuil ; c'est elle
qui redit nos chants d'amour ; c'est elle qui
exhale dans l'air nos mélancolies rêveuses ; c'est
elle enfin qui seule interprète dignement nos
soupirs. Aussi naturelle à l'homme que la parole, elle sert aux mêmes usages relatifs chez
l'homme civilisé comme chez celui qui vit dans
l'état primitif. Chaque peuple l'emploie dans
des termes qui lui sont propres ; elle a cons-
tamment une analogie remarquable avec le climat, le langage, les mœurs, le caractère, les
opinions de la nation à laquelle elle appartient.

La musique nationale des *Suisses* est mono-
tone et triste, sans accent, sans énergie. Les
mélodies *russes* sont agrestes, mais âpres
comme le climat où elles s'entendent. La mu-

sique des *Polonais* est plus gaie, plus spiri-
tuelle, plus martiale. En *Angleterre*, point
d'inspiration musicale : le son de l'or est seul
harmonieux. En *Ecosse*, en *Irlande*, la musique
n'est qu'une longue plainte, une éternelle as-
piration vers la liberté. En *Espagne*, on ne
connaît que la musique dansante. L'*Italie* est
la première contrée dont la musique s'offre à
l'esprit, lorsque nous voulons présenter à l'i-
magination l'idée d'une mélodie enchanteresse,
expressive, tendre, passionnée et voluptueuse.
L'*Allemagne* nous ouvre seule, mais à deux
battants, les portes du sanctuaire de l'harmonie et de la vraie science musicale.

De nos jours, la France semble toutefois
désireuse de s'emparer du sceptre musical : les
audacieuses conceptions de ses plus récents
compositeurs nous décèlent tout un trésor pour
l'avenir; l'originalité y choque à chaque pas
l'imprévu, mais dans une mesure qui n'est
point déplaisante, et nous voyons avec plaisir
les qualités musicales de chaque nation se fon-
dre au creuset français en un tout rempli cependant de nouveauté.

Lorsque tout tressaille sous cette impulsion
régénératrice; lorsque de toutes parts se for-
ment mille et mille sociétés musicales; lorsque

l'avenir se présente sous de si gracieux auspices aux regards charmés des mélomanes, nous avons cru le temps opportun pour rassembler en quelques pages l'histoire de la musique depuis sa création jusqu'à nos jours.

II

LA MUSIQUE DANS L'ANTIQUITÉ

Nous avons établi l'origine divine de la musique, de cette fille de l'air, de cet art par ex-
cellence, de cette langue universelle créée par
Dieu pour l'expression d'un sentiment universel, de cette muse suprême enfin qui préside
encore à la civilisation dans l'enfance des sociétés : son caractère moral établi, sa constitution physique démontrée, occupons-nous de son
histoire.

Si nous ne connaissons point de maîtres hu-
mains qui enseignassent la musique dans les
premiers siècles du monde, c'est que Jéhovah
lui-même daigna diriger ses créatures bien-
aimées dans l'étude de ce langage. L'homme,

créé pour l'aimer et le servir, apprit de lui à célébrer sa toute-puissance par des chants primitifs, mais pleins de vie, d'expression, d'enthousiasme. Nous lisons dans les livres de Moïse que bientôt, inspiré par le céleste maître, Jubal inventa des instruments de musique et enseigna cette science sublime au peuple hébreu. Jabel, Tubalcaïn, la jeune Noéma marchèrent sur ses traces ; peu à peu le sentiment musical se développa, et chaque cérémonie religieuse eut pour accessoire obligé des hymnes où se réunirent la poésie et la musique. Dès l'époque de la naissance d'Enos, les hommes commencèrent à chanter la bonté du Seigneur et la grandeur de ses œuvres ; Abel avait lui-même chanté les louanges de celui qui bénissait ses troupeaux ; Isaac chanta la clémence de celui qui lui laissait la vie ; les fils de Seth, dit la chronique d'Alexandrie, invoquèrent le Seigneur avec le chant des anges.

Au moment où la dispersion des hommes s'accomplit, la musique se conserva surtout et s'améliora d'une manière très sensible dans les pays mêmes où elle avait pris naissance. Il est dit dans l'Écriture Sainte que, déjà du temps de Laban, la musique et les instruments étaient fort en usage dans le pays qu'il habitait, c'est-

à-dire dans la Mésopotamie et la Phénicie ;
entre autres reproches qu'il fait à Jacob, son
gendre, il se plaint même que par sa fuite pré-
cipitée il ne lui ait pas laissé l'occasion de le
reconduire, lui et sa famille, *avec des chants de
joie, au bruit des tambours et ou son des
harpes :* c'est en effet dans ces régions précitées
qu'eut lieu l'accroissement de l'art musical.
D'ailleurs, le seul nom des principaux modes
de l'ancienne musique, et que la moderne a
conservé, le *dorien*, le *phrygien*, le *lydien*,
l'*ionien*, l'*éolien*, marque assez quel a été le
lieu de sa naissance ou du moins celui de sa
constitution. De tous ces modes, le plus généralement adopté en Phénicie était le mode vul-
gairement appelé *commun*, et plus tard connu
par les Grecs sous le nom du mode *locrien*,
ou mode caractéristique de l'alliance.

Plusieurs passages des auteurs anciens, plusieurs thèses soutenues par Fabre d'Olivet,
plusieurs extraits des auteurs contemporains
nous permettent aujourd'hui encore de nous
figurer le système musical représenté par ce
mode. Sa corde fondamentale était le *la*, les
Phéniciens considérant les sons comme pro-
cédant par intervalles diatoniques, *si ut ré mi
fa sol la ;* cette corde était notée par la pre-

mière des sept voyelles de l'alphabet phénicien, inconnu aujourd'hui, et en allant de l'aigu au grave, par conséquent de droite à gauche dans l'échelle musicale, on représentait successivement par les six voyelles suivantes les six autres cordes de l'octave. En se séparant de l'empire indien, les pasteurs prirent plus tard cette méthode avec eux et la communiquèrent à tous les peuples parmi lesquels ils se mêlèrent. Les Egyptiens, les Assyriens, les Etrusques la reçurent pour la perdre dans la suite des temps ; les Arabes la suivent encore aujourd'hui ; les Grecs, comme nous l'avons démontré plus haut, la connurent sous le nom du mode *locrien*.

Avant d'examiner les transformations importantes que ces derniers firent subir à l'art musical, il est bon toutefois de constater ici l'existence évidente, dès cette époque, des voix factices créées à l'imitation des voix naturelles, par suite du génie inventif de l'homme qui sut découvrir les lois invariables de l'acoustique. On ne peut nier en effet la ressemblance de l'instrument mentionné dans le cinquième chapitre de la Genèse, le *kinnor*, avec la *lyre* ou la *harpe* ; et certainement, ce que nous appelons de nos jours *flûte de Pan* n'est autre chose

que le *hagub*, ou ancien *orgue*, composé, selon
l'Écriture, de roseaux d'inégales longueurs attachés ensemble. Les instruments à vent et à
cordes existaient donc, ceux à percussion pa-
reillement, puisque partout, chez le peuple juif
et les peuples voisins, le son de la *trompette*
retentissait chaque jour et même assez bruyam-
ment pour faire, dit-on, tomber les murailles
de Jéricho.

Si, dans ces temps primitifs, la musique instrumentale ou vocale était en un si grand honneur, de quelle importance ne dût-elle pas se
glorifier par la suite? C'est ce que va nous ap-
prendre l'étude de son histoire chez les Grecs
et chez les Romains.

III

LA MUSIQUE EN GRÈCE

La nation qui produisit les Phidias, les Praxi-
tèle, les Zeuxis, les Platon et les Sophocle devait naturellement s'adonner au culte de la musique. En effet, à mesure que le permirent les
circonstances et l'état de la civilisation, la Grèce
reçut cette science divine des mains des Phéniciens, qui lui en communiquèrent le système,
et lui permirent par là de marier le son musical à l'une des plus belles langues qu'aient
parlée les hommes. Nous voyons dans Quintil-
lien que, prédestinés à l'amour des belles cho-
ses, les Grecs furent tellement impressionnés
par les simples mélodies qui furent composées
dès lors, qu'ils donnèrent à leurs auteurs le

nom de *sages* et d'*hommes inspirés*. D'après
eux, Orphée, Linus et Amphion étaient descen-
dus du ciel pour les tirer des ténèbres de la
barbarie, et Homère et Timagène nous racon-
tent qu'à la table des plus grands rois d'il-
lustres musiciens chantaient, *dès les temps héroïques de la Grèce*, les louanges des héros et
des dieux sur la *lyre*.

Mais que ce dernier mot n'induise personne
en erreur ; pour bien comprendre en effet le
système musical des Grecs et en suivre les dé-
veloppements, il ne faut pas ignorer que le mot
lyre n'était d'abord qu'un terme générique donné à la musique elle-même et exprimant tout ce
qui est concordant et harmonieux. Sans doute
cet instrument fut de toute antiquité populaire
en Grèce ; l'honneur de sa découverte était tour
à tour attribué à Orphée, à Amphion, à Apollon, à Polymnice et même à Mercure qui, di-
sait-on, l'avait formée d'une écaille de tortue
vidée, percée, et sur laquelle il avait monté
des cordes à boyaux ; sa forme était triangu-
laire : on la touchait de trois manières : soit en
en pinçant les cordes avec les doigts, soit en
les frappant avec une baguette d'ivoire ou de
bois poli, soit en pinçant les cordes de la main
gauche tout en les frappant de la droite avec

cette baguette qui se nommait *plectrum*. Mais
l'habitude se changea bientôt en règle : l'instrument donna son nom à l'art ; le particulier
fut pris au général, et ce qu'on entendait par
lyre à trois ou quatre cordes ne s'appliqua pas
à l'instrument de musique, mais à celui qui en
constituait l'accord fondamental. Bien plus,
qu'on ne suppose point aux Grecs plus de
science qu'ils n'en avaient réellement à cette
époque : leur *mélopée* produisait des effets merveilleux, puisque l'histoire nous apprend que
les plus grands philosophes, les plus grands
écrivains et les plus grands capitaines se faisaient une gloire de leur réputation musicale ;
puisque Platon croyait la musique nécessaire à
tout homme qui veut se rendre capable de gou-
verner les autres ; puisque Lycurgue, ce fameux
législateur de Lacédémone, dont les lois sont
si austères, plaçait à l'un des premiers rangs
ce genre d'étude que Socrate ne rougissait point
d'approfondir dans ses dernières années sous
les yeux de Damon ; puisque Aristophane et
Ménandre nous apprennent dans leurs come-
dies que la musique était la partie fondamentale
de l'instruction grecque ; puisqu'enfin, selon Ci-
céron, Thémistocle lui-même fut regardé comme
un homme dont on avait négligé l'éducation pour

n'avoir pu jouer de la lyre à la fin d'un repas.
Mais fallait-il beaucoup d'harmonie et de science
pour animer les cœurs à cette époque ? Une
mélodie large et primitive, formée seulement
de quelques notes qui dépassaient rarement l'é-
tendue d'une *quinte* ; des rhythmes nombreux,
pleins de délicatesse et agréables par la diversité de leurs accents ; des effets puissants
d'unisson et d'octave, doublés et soutenus par
la *lyre*, la *cythare* et les *flûtes* qui composaient
l'instrumentation grecque ; des dialectes variés,
unis à des modes de la même espèce ; était-il
besoin d'autre chose pour enflammer les héros
de Marathon d'une ardeur guerrière, pour inspirer aux adorateurs de Jupiter, de Vénus ou
d'Apollon le respect, l'amour ou la poésie ?
D'ailleurs, la nature du pays et du climat, les
sentiments patriotiques, la disposition des caractères, l'époque elle-même n'aidaient-ils pas
la musique à exciter l'imagination de ce peuple
si merveilleusement doué, chez lequel le juste,
le vrai, le beau, la liberté étaient en un si grand
honneur ?

Certainement les effets qui naissent de la simul-
tanéité des sons, l'*octave*, l'*unisson*, la *quarte*,
la *quinte* et même l'*accord parfait* ont été connus et goûtés par les Grecs ; la résonnance du

2*

corps sonore produit en effet ces éléments harmonieux naturels ; mais il est certain, et nous ne l'avançons ici que sur l'autorité des écrivains les plus irrécusables, il est certain que la *science des accords* leur était inconnue. Nous nommons ainsi l'enchaînement des notes simultanées, le mélange des consonnances et des dissonnances qui se préparent et se résolvent les unes par les autres et qui font supposer l'existence d'une *échelle mélodique* moins variable que les différents modes qui composaient le système musical grec. Pythagore, par une expérience ingénieuse et trop connue pour être rapportée ici, avait bien soumis au calcul les phénomènes des corps sonores et fixé la justesse absolue des intervalles qui sont contenus dans les limites de l'octave ; Terpandre, contemporain de Lycurgue, avait bien donné des règles musicales ; Lasus, qui vivait du temps de Darius le Mède, avait bien longuement écrit sur la musique : néanmoins toute la modulation de la Grèce se borna longtemps à faire passer les *mélodies* des *tétracordes conjoints* aux *tétracordes disjoints* et alternativement.

Le système des tétracordes conjoints était désigné par la *lyre à trois cordes* dont parle Diodore de Sicile : c'était le système primitif, il

renfermait les cordes *si*, *mi* et *la*. Le système
des tétracordes disjoints, formé par la *lyre a
quatre cordes*, comprenait tantôt les cordes
mi, la, si, mi, tantôt les cordes *la, ré. mi.
la*. Chaque tétracorde était disposé, en allant
de l'aigu au grave à la manière phénicienne,
par *deux tons successifs* et *un demi-ton*. Enfin,
dans les deux systèmes, le mode fluctuant entre les toniques *la* et *mi* s'arrêtait de préférence
sur le *la*. C'est par suite de l'adjonction, opérée
par les Phéniciens, d'une corde au grave ou
à la finale, corde qui se trouva être la double
octave du son le plus aigu du système disjoint,
c'est-à-dire un *la* fondamental, que le *chant
de l'alliance*, ou mode locrien, célèbre par ses
effets mélancoliques, fut communiqué aux Grecs
et fondit les deux systèmes en un seul. Plus
tard, l'art musical prenant une extension nouvelle, une foule de systèmes différents se créè-
rent; nous les avons déjà nommés plus haut,
puisqu'ils ne furent que des réminiscences des
systèmes phéniciens; ils consistaient dans une
série de *tétracordes conjoints et disjoints*, et
différaient entre eux par la liaison de ces mêmes
tétracordes, tantôt par la place que le demi-ton
y occupait, tantôt par une simple transposition,
soit au grave, soit à l'aigu. Enfin, malgré les

obstacles suscités par les lois grecques elles-
mêmes qui prescrivaient certaines bornes à
l'art musical et ne toléraient que les rhythmes
modérés, des essais furent tentés qui abouti-
rent à de sérieux résultats. Terpandre inventa
l'*heptacorde* et obtint la série de sons *mi fa
sol la ut ré mi*; Lycaon de Samos et Simonide
organisèrent l'*octacorde*, qui fit entendre la
quinte *mi si fa ut sol ré la mi*; l'*hendéca-
corde* fut bientôt construit, et l'on eut enfin la
série suivante : *si ut ré mi fa sol la si ut ré mi*.
Il ne fut plus dès lors difficile de continuer un
travail aussi bien commencé; aussi, à mesure
que les *rhythmes* et les *modes* se multiplièrent,
le *nombre des cordes* se multiplia sur la *lyre
grecque*, et de cette variété d'*échelles musicales* on eut un ensemble de *combinaisons ar-
tificielles*, analogues aux *nombreux dialectes*
qui se parlaient dans le pays. Par suite, indé-
pendamment du genre *diatonique*, qui procé-
dait, comme notre *gamme* actuelle, par intervalles de tons et demi-tons diversement enchaî-
nés, les Grecs possédèrent encore le genre
chromatique, composé d'une succession de demi-tons, et le genre *enharmonique*, où il en-
trait des intervalles minimes de *quarts* de ton,
mais qui fut bientôt abandonné comme n'étant

pas accessible à l'oreille du plus grand nombre.

Nous terminerons ici cette esquisse de l'art musical grec, en remarquant que l'*acoustique* seule fut connue chez ce peuple, et que l'*harmonie* ne prit naissance qu'après l'établissement du christianisme : la science des accords n'est en effet possible qu'avec le concours de notre *gamme diatonique*, qui n'existait alors qu'à l'état embryonnaire, et les Romains n'ont pas eu d'autre système musical que celui de leurs prédécesseurs, comme on le verra par la suite ; au *Christianisme* fut donc dévolue la gloire d'épurer la *mélopée* en simplifiant sa notation, et d'ennoblir la *musique* en y ajoutant l'*harmonie*.

IV

LA MUSIQUE CHEZ LES ROMAINS

Les accords harmonieux de Terpandre avaient
réuni les Lacédémoniens divisés à l'occasion
des guerres du Péloponèse, les chants de So-
lon avaient entraîné les Athéniens dans l'île de
Salamine ; la musique avait adouci les mœurs
des Arcadiens : cette science ne produisit point
tous ces merveilleux effets chez les descendants
de Romulus. Tout adonnés à l'art militaire,
qui fit leur principale gloire et leur puissance,
ils n'eurent guère de penchants pour les arts
libéraux. Le rude métier des armes endurcis-
sant leurs cœurs, les rendit peu propres à goû-
ter la musique, dont les douces émotions sont
plutôt le partage des âmes *sensibles*. Ce ne fut

qu'après la conquête de la Grèce qu'on vit af-
fluer à Rome et dans l'Italie un grand nombre
de *musiciens* ; mais ceux-ci, au lieu de rem-
plir une mission civilisatrice, ne servirent qu'aux
grossières jouissances du peuple et à la débau-
che raffinée de la caste patricienne.

L'art musical, qui, chez les Grecs, conservait
l'intégrité des mœurs, concourut en effet chez
les Romains à des résultats bien différents.
Les disciples de Platon regardaient la musique
comme une partie essentielle de la *morale*, les
compatriotes de Lucullus n'y virent qu'une
source inépuisable de *plaisirs matériels*. La
seule différence, qui se fasse remarquer entre
la mélopée *grecque* et la mélopée *romaine*,
consiste en effet dans la diversité et l'opposi-
tion de leurs emplois. Les Romains, qui reçurent des Grecs presque tous les éléments de
leur civilisation, n'eurent sans doute pas d'autre système musical que celui de leurs devan-
ciers, et nous nous accordons avec tous les auteurs pour reconnaître que chez eux la musique, *dans sa théorie*, ne fut qu'un pâle reflet
du génie hellénique ; mais combien leurs rhythmes, leurs mélodies, leurs accords et tout ce
qui constitue la *pratique*, étaient contraires à
ce qui s'était entendu jusqu'alors !

En Grèce, la simplicité des moyens employés par la musique assurait le triomphe de la poésie, et cette dernière traçait de grands caractères et donnait de grandes leçons de courage, de prudence et d'honneur. La lyre n'avait que peu de sons, le chant que très peu de variétés, et dans l'une et dans l'autre on puisait l'amour du devoir et l'idée de la vraie beauté. Dans le sein des plaisirs, sur le chemin de la victoire, la musique modérait l'ardeur d'une nation trop sensible et trop impétueuse. *A Rome*, on s'exerça à produire des accords inconnus, on composa pour les flûtes des airs denués de paroles ; les poètes tourmentèrent à la fois leur langue, la mélodie et le rhythme pour les plier à leur enthousiasme exagéré. Plus on multiplia les procédés de l'art, plus on s'écarta de la nature. On vit éclore une multitude innombrable de modulations inusitées, d'inflexions vocales souvent dépourvues d'harmonie ; on apprit à se passer des paroles ou à les étouffer sous des ornements étrangers. L'indécence, la variété, la mollesse des sons et des chants blessa la majesté de l'ancienne musique, corrompit les jeunes Romains, énerva de plus en plus une nation où les âmes sans caractère, surtout au temps des empereurs, ne se distin-

guaient que par les divers degrés de leur lâ-
cheté. Par suite, la musique excita les appétits
sensuels, et, chez ce peuple peu à peu dégé-
néré, elle dut provoquer l'ardeur martiale, bien
loin d'avoir à la modérer : ce qu'elle faisait autrefois en Grèce.

Toutefois, ceci n'est point une opinion exclusive : si généralement nous émettons que la
musique romaine fut sensuelle, nous établis-
sons aussi qu'en certaines circonstances elle
parla à l'esprit et au cœur ; mais la plus cir-
conspecte impartialité serait impuissante à dé-
montrer l'*utilité morale* de la musique à Rome
sous les empereurs qui précédèrent la venue
du Christ. L'exposé succinct de la propagation
dans l'Italie de l'art musical va du reste prou-
ver, sans réplique possible, la réalité de nos
assertions.

Dès l'origine de la ville éternelle, les Romains consacrèrent au dieu Mars leurs premiers essais dans la mélodie. Les prêtres de ce
dieu, nous dit l'histoire, reçurent de Numa
Pompilius l'ordre de *chanter des hymnes* à sa
louange lorsqu'ils sortiraient de leur temple
pour porter en procession dans les rues de
Rome l'ancile, ou le bouclier sacré tombé du
ciel. Plus tard, le poète napolitain Livius An-

dronicus, esclave affranchi de Livius Salinator,
fit *chanter par un chœur* de jeunes vierges
une ode suppliante, adressée aux habitants de
l'Olympe irrités contre les Romains. Des considérations religieuses présidèrent encore à la
création des *jeux scéniques*; les consuls Sul-
picius Pelicus et Licinius Stolon les fondèrent
en 363 avant J.-C. pour fléchir les dieux et
détourner des campagnes romaines la peste
horrible qui les décimait alors. A cette occasion, des *musiciens* étrusques arrivèrent à
Rome; des fêtes funèbres furent organisées et
on représenta sur des *théâtres publics* des
pièces satiriques dont le débit et l'harmonie
étaient soutenus par les sons des *flûtes* et des
lyres. Jusque-là cependant la musique n'avait
été admise que par hospitalité et par hasard,
et les fêtes n'avaient eu lieu qu'autant qu'il s'é-
tait trouvé dans Rome des *musiciens de passage*; après Paul-Emile et sous le consulat de
son fils, P. Corn. Scipion, surnommé le second
Africain, des *écoles musicales* s'ouvrirent enfin
qui furent assidûment suivies jusqu'à la mort
des Gracques, de 148 à 121 av. J.-C., et dès
ce moment on célébra la naissance, le mariage
et même la mort des maîtres du monde par des
cérémonies musicales; les *flûtes*, *tibia* et *fis-*

tuba, mêlèrent leurs joyeux accents à la gaité des festins ; la *trompette guerrière*, *tuba* et *buccina*, donna plus d'éclat aux ovations et aux fêtes triomphales ; les *instruments de percussion*, *tympanum*, *cymbalum*, *tintinnabulum*, ajoutèrent la sombre impression d'une mélodie grave et mystérieuse à la tristesse des funérailles.

Mais, en regard de ces progrès, que se passa-t-il dans l'art musical dès le siècle d'Auguste ? Après l'assassinat de Jules César, lorsque les *nombreux musiciens attachés à sa personne*, ou profonds admirateurs de son génie, eurent jeté, après s'en être servis pendant les funérailles, leurs instruments dans le bûcher dont les flammes consumaient encore les restes du grand homme, on put dire avec raison qu'ils jetèrent alors dans l'oubli tous les vestiges de l'ancienne musique : nouveau phénix qui devait renaître de ses cendres en même temps que descendrait sur la terre le Sauveur de l'humanité !

C'est en effet sous le règne d'Auguste que la désorganisation musicale commença ; dès lors on mit en musique, ou plutôt on ensevelit, sous un semblant de musique, toute espèce de poèmes indécents et démoralisateurs qui furent

chantés par des chœurs de jeunes filles et de
jeunes garçons à la louange des divinités olym-
piques ; dès lors on feignit de *composer des
accords* plus ou moins harmonieux, assuré-
ment étranges, pour célébrer les hauts faits et
les brillantes vertus des Tibère, des Caligula
et des Néron. O honte ! on sut alors *mettre en
musique* les cris de douleur des Germanicus,
des Drusus, des Séjan, des Pétus, des Sénèque,
des Lucain, des Pétrone et de tant d'autres il-
lustres personnages, victimes du despotisme
impérial ! Dès lors la musique trouva des *accents* pour diviniser les plaisirs sensuels aux
oreilles des Romains ivres-morts à la table
des épicuriens du temps.

Et cependant, sous une habile direction, que
n'aurait-on pu faire à cette époque ? Cheva-
liers, patriciens, empereurs, chantaient et
jouaient en public ; Caligula, Néron, Titus faisaient de la musique leurs plus chères délices ;
Néron même était si jaloux de sa réputation
musicale, qu'il fit périr dans les plus cruels
supplices Soranus et le vertueux Thraséas
comme contempteurs de sa *divine voix*. Mais
quel enthousiasme réel pouvait faire naître une
science mortelle pour ceux qui la possédaient
trop parfaitement ? Comment s'adonner à la

musique au milieu de tant d'horreurs musicales? Comment aimer un art dont l'étude occasionnait l'incendie de Rome? Néron y fit en effet mettre le feu pour pouvoir imiter avec plus d'effet et de vérité les voix et les cris déchirants des victimes qui périssaient dans les flammes, pour pouvoir jouer d'après nature!...

Étonnons-nous, au contraire, que le peuple romain n'ait pas plus tôt banni de sa capitale et de toutes ses possessions un hôte aussi dangereusement immoral et aussi funeste. Étonnons-nous qu'il ait eu la patience d'attendre la mort de Néron pour proscrire de Rome toute espèce de musique et toute espèce de musiciens. Et maintenant, détournons les yeux d'un tableau pareil : la résurrection du Christ vient d'amener la *résurrection musicale*.

V

LA MUSIQUE AUX PREMIERS TEMPS
DU CHRISTIANISME

Tandis que la musique gréco-romaine ne
cessait d'aller en décadence et finissait par disparaître, l'art aux accents nobles et majestueux
trouvait un asile chez les premiers chrétiens :
c'est en effet parmi ces hommes simples et sans
science, qui se réunissaient en communauté
pour confondre leur émotions et leurs prieres,
que naquirent les premiers germes du systéme
musical qui a remplacé celui des Grecs. Celui
qui disait à ses disciples : *Sinite parvulos ve-
nire ad me* ; celui qui voulait relever la condi-
tion humaine de la profonde abjection où la tenait plongée une affreuse inégalité de richesses
et de lumières ; celui dont la céleste mission

avait pour but d'illuminer l'âme de l'esclave et
de l'homme libre, celle du pauvre et du mil-
lionnaire, de l'ignorant et du philosophe, d'un
même idéal de justice et de beauté ; le Ré-
dempteur du monde jeta dans les cœurs de ses
apôtres et de ses premiers néophytes un *instinct musical* qui enfanta bientôt tout un système régénérateur.

Durant cette époque de fureur et de tyrannie,
lorsque les catacombes, les cavernes et les fo-
rêts reculées procuraient seules aux catéchu-
mènes un refuge contre les vexations et les
persécutions sanglantes des empereurs idolâ-
tres, la musique fut la compagne et la conso-
lation de ces opprimés. Le chant des hymnes
et des psaumes, le murmure de leurs saints
cantiques, leurs mélodies, inspirées par un enthousiasme religieux, leur firent oublier les
droits de citoyens dont on les privait, l'exil
dans lequel ils vivaient, les outrages, les supplices, enfin le martyre qui les attendait. Les
temples païens, où on les traînait pour exiger
d'eux une abjuration coupable, retentirent de
leurs accents indignés et prophétiques ; les ca-
chots, où ils endurèrent les plus cruelles
tortures, furent sanctifiés par leurs concerts
harmonieux qui célébraient la puissance et la

bonté du Christ ; les cirques, où un peuple barbare se réjouissait de les voir livrés aux bêtes, frémirent à leurs chants de triomphe et de protestation ; réunis dans une étreinte fraternelle, ils entonnèrent, avant de mourir et pendant leur agonie, des hymnes à la gloire de leur religion, et les arènes, où ils tombaient en chantant, reçurent ainsi la dernière goutte de leur sang et leur dernier soupir.

Quelles étaient donc les mélodies primitives de ces chants qu'Origène n'hésitait pas à regarder comme le moyen le plus efficace de convertir les païens à la foi ? D'où se tiraient ces cantiques que les chrétiens chantaient au lever du soleil en l'honneur du Christ, comme en l'honneur d'un Dieu, selon la naïve expression de Pline-le-Jeune écrivant à Trajan ? Quel était le compositeur de ces hymnes, citées par Lucien, recommandées par saint Paul aux Ephésiens, propagées dans tout le monde chrétien par les premiers pères de l'église ? La manière dont Clément le Romain, Ignace, Justin, Clément d'Alexandrie, Tertullien, Cyprien, Eusèbe et plusieurs autres vénérables docteurs nous parlent de la musique dans leurs écrits, nous prouve la force et la puissance qu'elle avait pour émouvoir et subjuguer les cœurs,

la sainte ardeur avec laquelle les premiers
chrétiens et leurs chefs la pratiquaient dans
leurs réunions : puisque ces vénérables écrivains ne nous entretiennent que des effets de
la musique à cette époque et laissent dans
l'oubli sa nature, nous allons essayer de répa-
rer leur omission.

Si nous voulions croire sans discussion,
dans cette circonstance, la plupart des histo-
riens modernes qui ont écrit sur le *plain-
chant*, nous devrions admettre avec eux que
les premiers chrétiens prirent pour *texte musical* de leurs cantiques les *nômes* ou *neumes*,
espèces d'airs grecs en l'honneur des dieux.
Nous voyons effectivement que le rhythme des
premiers cantiques et des hymnes ressemble
beaucoup à celui qu'employaient les poëtes de
cette nation, et nous savons aussi que la *musique grecque*, alors généralement répandue en
Italie et en Orient, avait seule une constitution
fixe, un système sérieusement constitué. D'un
autre côté, le père Martini, dans son histoire
de la musique, veut faire dériver la *musique
sacrée* de celle qui était chantée dans le temple
par les Hébreux ; enfin, les écrivains allemands,
MM. Forkel et Kieswetter, soutiennent que la
musique en usage dans les premières assem-

blées des disciples de Jésus-Christ était le fruit de leurs naïves et pieuses inspirations. Devant ce conflit d'opinions diverses, toutes appuyées cependant par des raisons très judicieuses, qu'on nous permette de livrer aussi notre propre sentiment à la critique.

Oui, sans doute, nous croyons avec le père Martini que les apôtres, hébreux d'origine et élevés dans les mœurs hébraïques, avaient fréquenté le temple et chanté avec la foule les psaumes et les cantiques dont la mélodie, établie par le roi David, s'était conservée intacte pendant des siècles entiers : nous reconnaissons par conséquent que ces chants, connus des apôtres, ont dû être transmis par eux à leurs successeurs, et que, puisque les psaumes étaient maintenus, leur musique dut être maintenue de même. Mais nous approuvons en cette seule conclusion les idées du religieux franciscain de Bologne ; si nous admettons que les chrétiens reçurent des Hébreux, leurs ancêtres, le *texte* et la *mélodie* de leurs psaumes, nous n'entendons point parler ici des cantiques et des hymnes nouveaux, en prose ou en vers. La mélopée de ces chants, créés sous l'inspiration chrétienne, vint d'une même source, et nous sommes, sur ce point, de l'avis des au-

teurs allemands. Toutefois, nous ne les suivons
pas dans tout ce qu'ils avancent : Forkel pré-
tend que la haine des premiers chrétiens contre
tout ce qui tenait au paganisme était trop
grande pour qu'ils eussent admis dans leur
musique la moindre *réminiscence païenne*, et
M. Kiesweter, allant plus loin encore, nie, de
la part des chrétiens, l'admission même de la
mélodie juive. Nous convenons avec eux que
les adorateurs de l'Evangile durent avoir tout-
à-fait à cœur de constituer un chant qui leur
fût propre et totalement différent, dans son
essence même, de celui des autres cultes ;
mais, nous ne pouvons croire que ces nouveaux
chants, quelque simples qu'ils fussent, aient
eu d'abord ce caractère d'originalité qu'ils ac-
quirent par la suite. Il est probable que le *plain-
chant* ne dérive entièrement ni de la musique
grecque, ni de la musique *juive* ; mais il est
probable aussi, quelque grands que pussent être
les efforts des chrétiens pour s'éloigner de l'un
et de l'autre de ces systèmes mélodiques, qu'il est
difficile de croire qu'ils aient pu s'en affranchir
tout-à-coup. Ne doit-on donc compter pour
rien l'habitude de l'oreille et les traditions de
l'esprit? D'ailleurs, nous lisons dans les pères
de l'Eglise que plusieurs d'entre eux sont sor-

tis de l'école néoplatonicienne d'Alexandrie, où l'on n'enseignait que les sciences et les arts grecs, et nous voyons dans Tertullien que les patriarches de Jérusalem furent souvent obligés de réprimer les tendances hébraïques des mélodies chrétiennes qui étaient composées dans la Ville Sainte.

Pour nous résumer, nous avançons donc que le *plain-chant* conserva dans ses vieux psaumes la mélodie juive, et se ressentit longtemps des mélodies juives et grecques dans les cantiques et les hymnes qu'il s'adjoignit par la suite : ces réminiscences ne disparurent guère définitivement qu'à l'époque de la *réforme* ambrosienne dont nous allons faire maintenant le sujet de notre étude.

VI

CHANT AMBROSIEN

Dès que Constantin fut monté sur le trône
des Césars et qu'il eut embrassé la religion
chrétienne, ses coreligionnaires quittèrent leurs
sombres retraites ; des églises s'ouvrirent de
toutes parts, les cérémonies du culte devinrent
publiques, tout concourut à en rehausser la
splendeur, et, comme conséquence directe,
tandis que la Croix sainte se brodait sur les
étendards romains, la poésie et la musique se
virent appelées à célébrer la toute-puissance
et la gloire de ce signe divin, de ce symbole
de la rédemption des hommes.

D'abord on se récria, de divers côtés, contre l'usage de la poésie chrétienne, qui venait

4

s'ajouter à celui des psaumes, des versets des Saintes Ecritures et des hymnes sacrées ; cependant on céda peu à peu au désir universel : des docteurs de l'Eglise, d'une piété et d'une orthodoxie reconnues, furent choisis pour exprimer et inspirer les sentiments catholiques par de saints cantiques, et bientôt les temples du vrai Dieu retentirent de leurs mystiques compositions. Nous citerons parmi ces respectables et pieux compositeurs : Ephrem le Syrien, les deux Apollinaire, Grégoire de Nazianze et Bazile le Grand, en Orient : Hilaire de Poitiers et saint Ambroise, en Occident. Ce dernier fut l'auteur d'un certain nombre d'hymnes universellement applaudies : on lui attribue généralement le *Te Deum*, qu'il composa, dit-on, au baptême d'Augustin ; il est plus certain qu'il écrivit les hymnes suivantes : *Deus creator omnium*, *Veni redemptor omnium*, *O lux beata trinitas*. Ces chants sont encore en usage dans les églises de Milan et sous leur forme primitive ; si l'on en croit la tradition, ils produisaient tant d'effet sur saint Augustin par leur beauté, leur pénétrante douceur, leurs accents et leurs modulations suaves, qu'en parlant des sensations qu'ils lui faisaient éprouver il s'écrie : « J'étais tellement ému en entendant

ces hymnes et ces cantiques, que la vérité pé-
nétrait dans mon cœur, et que la piété me faisait répandre des larmes de joie. »

Ne nous étonnons point d'une assertion si
flatteuse pour les œuvres de l'évêque milanais :
la musique, à cette époque, faisait des progrès
réels, et saint Ambroise était surtout l'instiga-
teur de cette rénovation, l'auteur de ces amé-
liorations, le directeur suprême de cette propagation musicale. Déjà des *chanteurs* avaient
été formés pour instruire le peuple et la jeu-
nesse dans le chant religieux : les papes Sil-
vestre et Hilaire avaient déjà établi dans Rome
des écoles de *choristes*, chargés de l'exécution
musicale les jours de fête et de procession ;
mais la pratique du chant ecclésiastique ne
doit sa véritable organisation qu'à ses efforts et
à ses travaux.

Sous le règne de l'empereur Théodose, vers
384, saint Ambroise, qui avait fait construire
l'église de Milan, voulut aussi organiser la *liturgie* et la *psalmodie* dans son diocèse et en
former un tout complet. Saint Ignace d'Antio-
che avait bien établi déjà l'usage des *antiennes*,
l'ordre dans lequel devaient se célébrer les
saints mystères était déjà bien démontré ; mais
quelques-unes des parties de la *liturgie* étaient

encore à écrire, mais les cérémonies du *culte* étaient trop simples et sans fixité ; l'évêque de Milan composa des *messes* pour chaque circonstance, un grand nombre de préfaces où l'on voit en peu de mots les sujets des mystères et les actions des saints, beaucoup d'hymnes et plus encore d'autres prières. Quant à la *psalmodie*, on sait qu'il en fut le premier auteur : nous voyons, en effet, dans une de ses lettres à sa sœur Marceline, qu'il faisait *psalmodier* les offices, c'est-à-dire chanter ou réciter les psaumes à voix soutenue, comme dans un *chant*, dans un ton presque toujours le même, comme dans un *débit oratoire*.

La liturgie et la psalmodie définitivement constituées, saint Ambroise s'occupa de régler la *mélodie*, le *chant* de son église. Chef spirituel de la population d'une grande cité encore à demi païenne, il lui fallut en ménager les habitudes et les vieilles idées ; pour cela, il choisit, parmi les chants du *polythéisme*, les mélodies religieuses les plus populaires et les plus accessibles à l'oreille et à la voix inexpérimentée de la foule, et en forma les bases de son *plain-chant*. Recherchant avant tout la simplicité, et voulant, autant que possible, rendre l'usage du *chant* facile et le mettre à la

portée de tous , il le débarrassa ensuite de la
théorie embrouillée des Grecs ; il supprima la
division de l'échelle par *tétracordes* , et se
borna à former *quatre échelles* de tons, en
choisissant , dans leur gamme du mode diatonique, *quatre groupes de huit sons*, qui cor-
respondirent aux quatre modes de la musique
grecque : *dorien, phrygien, éolien* et *mixoly-
dien*, et se distinguèrent par conséquent par la
place qu'occupait le *demi-ton* dans la série
diatonique. Ces groupes reçurent les noms de
premier, deuxième, troisième et quatrième ton :
les voici :

1er ton :	ré	mi	fa	sol	la	si b.	ut	ré		
2e ton :		mi	fa	sol	la	si	ut	ré	mi	
3e ton :			fa	sol	la	si b.	ut	ré	mi	fa
4e ton :				sol	la	si	ut	ré	mi	fa	sol

En résumé, les services rendus à la *musique
sacrée* par saint Ambroise furent considérables,
eu égard à l'époque où il vivait ; l'ensemble de
son système musical eut même un caractère si
particulier, qu'il fut appelé *chant ambrosien*
du nom de son auteur. Aujourd'hui encore, ce
nom lui est resté dans les églises de Milan, bien
que partout ailleurs il soit presque impossible
de signaler, à part l'inégale durée des notes,
une différence notable entre le *chant ambrosien* et le *chant grégorien* qui lui succéda.

VII

CHANT GRÉGORIEN

Mais cette similitude qui nous paraît exister
aujourd'hui entre ces deux méthodes, était réellement inadmissible aux temps dont nous parlons. La réforme du chant *ecclésiastique* opérée
par saint Grégoire fut au contraire un nouveau
témoignage de cette loi de simplification qui
marque l'action de l'instinct populaire aussi
bien dans la formation des langues que dans
la construction des échelles musicales.

Saint Ambroise avait choisi parmi les chants
populaires du *polythéisme* des mélodies encore
empreintes de certaines nuances de rhythme et
de modulation ; saint Grégoire voulut donner
au *plain-chant* une forme tout-à-fait régulière

et créa pour cela une mélopée plus voisine de
la parole que de la musique : en sorte que
nous pouvons établir, avec M. P. Scudo, que le
chant de l'évêque de Milan est à la mélopée
grecque du temps d'Aristoxène, le célèbre auteur du *Traité des éléments harmoniques*, ce
que la langue de Virgile est à celle d'Homère :
et que le *plain-chant* du pape saint Grégoire
est à celui de saint Ambroise ce que les langues
modernes du XII° siècle sont à celles de Tacite
et de Tite-Live : un dialecte transitoire qui n'a
pas encore la fixité d'une langue vraiment lit-
téraire.

Qu'était-il, en effet, survenu après la mort
de l'auteur du chant ambrosien ? A la morale
chrétienne, qui venait de bouleverser la société
antique, l'invasion des peuples du nord dans
le midi de l'Europe avait insensiblement ap-
porté un nouvel élément, un nouveau concours
pour la transformation de l'humanité et le progrès de la civilisation. D'abord repoussés par
les dominateurs du monde, les barbares n'a-
vaient pu laisser que de faibles traces de leur
passage ; mais lorsqu'ils furent parvenus à s'é-
tablir dans la Gaule et dans l'Italie, sous leur
influence désastreuse le peuple perdit bientôt
le sentiment de la *prosodie* et de la *valeur*

métrique de la langue latine ; le *caractère mélodique* des hymnes de l'Eglise fut altéré, les
limites des *quatre échelles* fixées par saint
Ambroise furent dépassées, des *chants nouveaux* furent créés qui n'observèrent en au-
cune façon les règles établies, enfin une con-
fusion si complète régna dans la *tonalité*, qu'à
peine restait-il quelque vestige du rhythme à
l'avènement de saint Grégoire au siége papal.

Ces changements et ces altérations, qui ten-
daient à jeter la perturbation dans la *liturgie*,
cette partie dramatique de la religion si puis-
sante sur les masses, nécessitèrent une réforme
régulatrice. En 591, saint Grégoire l'opéra avec
autant de succès que de zèle.

Un remaniement entier des échelles tonales
parut nécessaire à ce vicaire apostolique qui
reçut plus tard le nom de Grand ; il commença
donc par rassembler de nouveau tout ce qui
restait des anciennes mélodies grecques, il les
joignit à celles qu'avait composées saint Ambroise et d'autres savants personnages, il réunit
le tout à un certain nombre de morceaux, dont
il était lui-même l'auteur ; puis, de tous ces dé-
bris, il forma un ensemble qui reçut le nom
d'*Antiphonaire centonien*, c'est-à-dire *livre
de musique composé de fragments*. Reconnais-

sant alors l'impossibilité de contenir cette com-
pilation de chants divers dans les quatre échelles diatoniques de saint Ambroise, voyant même
que les compositeurs d'hymnes et d'antiennes
allaient tous au-delà de cette tonalité, il résolut
de diviser chacun des tons primitifs en deux,
c'est-à-dire qu'aux *quatre tons du chant ambrosien* il ajouta *quatre nouveaux tons* qui
furent placés *une quarte au-dessous* des premiers.

Le *chant grégorien* fut dès-lors établi ; il
prit le nom de *plain chant (cantus planus)*,
parce qu'il procéda par degrés d'égale valeur.
et sans autre rhythme que celui qui accompa-
gne naturellement et forcément toute émission
de la parole humaine ; on le connaît encore
sous le nom de *chant romain*, parce que, établi d'abord à Rome, il fut propagé de là dans
tout l'Occident. Voici le tableau des huit tons
qui le constituèrent : on remarquera que les
échelles des premiers correspondent pour la
qualité des sons aux échelles des autres ; on
nommera *authentiques* les tons de saint Ambroise, *plagaux* ceux de saint Grégoire, puis
on distinguera qu'il y a cette différence entre
le ton *authentique* et le ton *plagal*, que dans
le *premier* la dominante du ton se trouve à la

quinte au-dessus de la première note de l'é-
chelle, et dans le *second* à la *quarte supé-
rieure*; enfin, on verra que l'échelle des sons,
qui n'en renfermait d'abord que *onze*, en eut
alors *quatorze* :

1er TON AUTHENTIQUE
ré mi fa sol la si b. ut ré

2e TON PLAGAL
la si b. ut ré mi fa sol la

3e TON AUTHENTIQUE
mi fa sol la si ut ré mi

4e TON PLAGAL
si ut ré mi fa sol la si

5e TON AUTHENTIQUE
fa sol la si b. ut ré mi fa

6e TON PLAGAL
ut ré mi fa sol la si ut

7e TON AUTHENTIQUE
sol la si ut re mi fa sol

8e TON PLAGAL
ré mi fa sol la si ut ré

Pour représenter ces tons, saint Grégoire, re-
jetant le système du *tétracorde* de la musique
grecque, adopta celui de l'*octave*, et, emprun-
tant à l'ancienne notation latine les sept premières lettres de l'alphabet, il employa les *ma-
juscules* pour désigner les *sons graves* et les

minuscules pour représenter les *sons aigus*, ainsi qu'il suit :

La	si	ut	ré	mi	fa	sol	la	si	ut	ré	mi	fa	sol
A	B	C	D	E	F	G	a	b	c	d	e	f	g

Mais nous verrons bientôt cette notation disparaître au moyen-âge pour être remplacée par les *neumes*. Toutefois elle fut longtemps en usage dans l'Italie, et on le comprendra volontiers quand on saura que saint Grégoire avait fondé dans ce pays un grand nombre d'*écoles de chant* où l'on enseignait la méthode et les règles qu'il avait établies. Ces écoles, qui furent florissantes longtemps après la mort du saint pontife, fournirent des chantres distingués à l'Espagne, à l'Allemagne, à l'Angleterre et surtout à la France, et nous verrons plus tard de quel éclat elles firent briller l'art musical au moyen-âge.

VIII

DU BARDISME ET DE LA MUSIQUE SOUS LES MÉROVINGIENS

De tout temps la littérature et les beaux arts
ont exactement reflété la tendance prédominante
des mœurs d'une période historique ; tour à
tour religieuse, dramatique, sentimentale et
guerrière, l'*expression musicale* a surtout re-
vêtu la forme et, pour mieux dire, le costume
de la société qui dirige la marche de chaque
siècle ; enfin, l'homme de génie, qui personni-
fie toutes les époques importantes, s'est toujours emparé de cette impulsion générale pour
la résumer et l'immortaliser par l'adjonction de
son cachet individuel ; parlons donc de la *tendance musicale* qui se manifesta chez nos ancêtres ; étudions l'*histoire de l'art musical*

en France, occupons-nous de la *musique en
général et de la liturgie en particulier* aux
temps glorieux de Charlemagne, puisque la
chanson montrait à peine encore le bout de
l'oreille, puisque seul le *chant ecclésiastique*
était en honneur à la cour du puissant empereur d'Occident.

Cette étude sera parfaitement à sa place après
celles que nous avons déjà faites de la musique
chez les Hébreux, les Grecs et les Romains,
sous l'évêque saint Ambroise et le pape saint
Grégoire, car notre patrie revendique à bon
droit l'honneur d'avoir, en ces temps difficiles
où se formaient les nations, servi de refuge à
la *mélopée* et de berceau à l'*harmonie*. Nous
pourrons faire suivre cet important chapitre
par un *aperçu général sur l'instrumentation
et la bibliographie musicales*, depuis le christianisme jusqu'au milieu du X* siècle, et aban-
donner enfin l'histoire de la *musique sacrée*
pour nous occuper de celle de la *musique nationale* de chaque peuple, pour traiter des
origines, des tâtonnements et des progrès de la
musique profane. Mais auparavant, déchirons
quelque peu le voile épais qui cache au vul-
gaire l'histoire de l'art musical en France, et
montrons aux musiciens d'aujourd'hui ce qu'é-
taient les musiciens d'autrefois.   5

La Gaule était vierge encore de la domination
romaine, et déjà, chez les tribus qui la peu-
plaient, la musique était un véritable *sacerdoce*.
Les descendants de Gomer, le fils aîné de Japhet,
choisissaient les plus vertueux et les plus savants d'entre eux pour immortaliser par leurs
récits héroïques les belles actions de leurs
concitoyens ; apaiser par leurs *chants* les fu-
reurs guerrières ; inspirer par leurs *hymnes*
l'amour du beau et du vrai, le culte du bien
et la haine du mal ; animer les troupes avant
et pendant le combat par leurs *odes martiales*
et leurs *fanfares belliqueuses*. Comprises ainsi,
les fonctions des *bardes* continrent donc en
germe, dès le principe, l'origine des divers
genres de musique qui préoccupent maintenant
notre époque. Par leurs ballades, ces hommes
inspirés donnèrent naissance au *genre narratif* ;
par leurs poèmes, louant ou censurant les mœurs
privées, ils indiquèrent la véritable carrière de
l'*art* et du *théâtre*, qui doivent l'un et l'autre *instruire en amusant*, ils préparèrent l'o-
péra.

Aux époques les plus reculées, ils existèrent
dans la Gaule, en Angleterre et en Allemagne ;
nous les verrons disparaître du premier et du
dernier de ces trois pays au moment de la con-

quête romaine, mais ils se maintinrent à travers
tout le moyen âge en Angleterre, en Irlande et
dans notre vieille et poétique péninsule bre-
tonne. Chez les Anglais surtout ils exerçaient
une immense influence. Au moment où César
débarqua dans leur île, ils se portèrent sur le
rivage à la rencontre des Romains, et, tandis
qu'ils chantaient, les soldats les accompagnaient
en frappant en cadence sur leurs boucliers avec
leurs framées ; ils firent suivre chacun de leurs
chants patriotiques et sauvages de sifflements
aigus et de vociférations tumultueuses, et se
précipitèrent ensuite sur les envahisseurs, qui
furent repoussés. Les bardes tinrent donc tête
dans ces pays à tous les efforts des Romains,
des Saxons et des Normands qui voulurent les
anéantir ; jusqu'au XIIe siècle, nous les voyons
se réunir en Angleterre dans des *concours* où
leurs poésies étaient récompensées par le don
d'une harpe d'argent à neuf cordes, et dans
l'Irlande, aujourd'hui encore, une *harpe* pla-
cée dans les armoiries de cette île *aux vertes
collines*, consacre le souvenir du *bardisme*
qui se lie aux souvenirs de la *liberté* dans ces
pays.

Mais, au contraire, après la conquête de
Jules César, les sesterces de Rome corrompi-

rent les poëtes et les chantres gaulois ; les *bardes* encouragèrent le vice au lieu de préconiser la vertu ; le culte des *beaux-arts* tomba dans le discrédit, presque dans le déshonneur ; la *civilisation* rétrograda même à marches forcées ; enfin, la *barbarie* primitive commençait à relever la tête, et il ne fallut rien moins que l'avénement du Christ pour ramener au *progrès* ces peuples sauvages, étouffer ces velléités rétrospectives, et ressusciter le *mouvement intellectuel* en même temps que surgissait, généreuse et triomphante, la *nouvelle religion*.

En effet, tandis que Clovis, le fier sicambre, courbait humblement la tête sous la main de l'évêque saint Remi (496), Théodoric, roi des Ostrogoths, lui envoyait sur sa demande le chanteur Acorède, pour charmer les oreilles barbares des *leudes* de son palais. Sous l'influence civilisatrice des évêques et des moines, l'agriculture se développait, les arts s'ébauchaient, la *musique* prenait une extension nouvelle. Saint Gall recevait l'évêché de Clermont pour récompense de son habileté musicale ; Chilpéric, roi de Soissons, composait des hymnes en l'honneur du Très-Haut ; Gontran, roi de Bourgogne et d'Orléans, instituait dans son pa-

lais une espèce de *société chorale* qui exécu-
tait les psaumes et les répons de l'office divin.
Dagobert (dont le nom signifie chantre héroï-
que) répudiait Gomatrude pour épouser Nan-
tilde à la voix angélique ; Maurin charmait la
cour de Clotaire II par les accents de sa voix
mélodieuse ; Thierry III réunissait des joueurs
d'instruments de toutes sortes qui, s'unissant
aux voix des chantres, formaient ensemble des
concerts admirables, à l'instar de ceux que nous
donnent aujourd'hui nos *fanfares* et nos *or-
phéons*.

Enfin, à mesure que le christianisme se propageait en France la musique se propageait
aussi : déjà la dynastie mérovingienne avait à
son service des *chantres* et des *symphonistes*,
qui se faisaient entendre pendant les cérémonies publiques, pendant les repas des souve-
rains, pendant les concerts et les bals de la
cour. Plus tard, Pépin le Bref donnait, en 750,
une constitution et des professeurs spéciaux à
la *chapelle-musique* des rois de France, établie précédemment, sur l'ordre du roi Childe-
bert, par l'évêque de Paris, saint Germain. Si-
méon, l'un des plus habiles musiciens de Rome,
ouvrit alors à Rouen, par l'ordre du pape
Paul, une *école de chant* où l'évêque Remi,

5*

frère de Pépin, réunit un grand nombre d'élèves destinés à se répandre dans les provinces ;
Gervold, chapelain de la reine Bertrade, établit
aussi, dans son monastère de Saint-Wandrille,
une école rivale justement célèbre ; et, par suite
les *maitrises* furent créées.

Malheureusement, au milieu des essais qui
se tentaient en même temps pour établir dans
chaque pays une *musique nationale*, et, tandis
que les *théoriciens*, plus ou moins préoccupés
du système des anciens, enseignaient une *doctrine* souvent contraire à la *pratique*, des
altérations nombreuses avaient eu lieu dans le
chant ecclésiastique. Malgré la chaîne en fer à
laquelle était suspendu l'*Antiphonaire* de saint
Grégoire, malgré les conciles qui s'étaient réunis
pour aviser aux besoins de la *discipline liturgique* ébranlée, cinquante ans après la mort du
pontife législateur on ne s'entendait déjà plus
ni sur le nombre des tons, ni sur le caractère
esthétique des mélodies religieuses. Partout
l'*Antiphonaire* était altéré, tronqué, augmenté,
contrairement à l'original de Rome : ici l'on
admettait huit, neuf et dix tons ; là, douze, treize,
quatorze et jusqu'à quinze ; de toutes parts, la
barbarie du goût régnant avait corrompu la
pureté primitive du *chant romain*. C'est alors
que parut Charlemagne.

IX

LA MUSIQUE AUX TEMPS DE CHARLEMAGNE

Le rôle de Charlemagne, quant aux services
qu'il rendit au *chant ecclésiastique*, fut en
quelque sorte d'une double importance : en
effet, musicien et connaisseur lui-même, il dé-
ploya tout à la fois l'activité la plus grande,
non-seulement à corriger le *plain-chant* partout où il était altéré, mais encore à le propager
dans tous les pays soumis à sa puissance.

Son zèle pour la *réformation musicale* prit
naissance lorsqu'il alla, pour la troisième fois,
passer les fêtes de Pâques à Rome avec sa
chapelle-musique ; nous pensons bien agir en
traduisant ici le récit de cet événement : *(Vide
Annal. et Hist. Francor. ab an. 708. ad an.*

*990. Sub vitâ Caroli Magni per monacum cœ-
nobii Engolismensis. Francofurti 1494.)*

« Le trés pieux Charles étant retourné célébrer la Pâque à Rome avec le légat apostolique, une dispute s'éleva, durant les fêtes, entre
les chantres romains et les chantres gaulois.
Ceux-ci prétendaient chanter mieux et plus
agréablement que les Romains ; ceux-là, se
disant les plus savants dans le chant ecclésiastique, qu'ils avaient appris du pape saint Grégoire, accusaient les Gaulois de corrompre et
d'écorcher la vraie musique en la défigurant.
La querelle fut portée devant Charlemagne, le
seigneur roi. Les Gaulois, qui comptaient sur
l'appui de leur maître, insultaient les chantres
de Rome ; mais ces derniers, fiers de leur grand
savoir, traitaient leurs adversaires d'ignorants,
de rustres, de sots, de grosses bêtes, et préfé-
raient de beaucoup la doctrine grégorienne à
la rusticité gauloise. Comme les deux partis
ne tarissaient point dans leurs argumentations,
le très pieux roi Charles dit à ses chantres :
« Déclarez-moi sans crainte quelle est l'eau la
plus pure et la meilleure : est-ce celle qu'on
prend à la source vive d'une fontaine, ou celle
des ruisseaux qui n'en découle que de bien
loin ? » — Ils répondirent unanimement que

l'eau de fontaine, comme la source de toutes
les autres, était la plus pure, et que celle des
ruisseaux était d'autant plus trouble, plus sale
et plus corrompue qu'elle venait de plus loin.
— « Alors, s'écria le Grand Roi, retournez donc
à la source de saint Grégoire, car évidemment
vous avez corrompu sa méthode musicale.
— Puis, il demanda au pape Adrien des chantres pour corriger le chant gaulois, et il en reçut, avec Théodore et Benoît, chantres très
savants et élèves de saint Grégoire, plusieurs
Antiphonaires grégoriens, notés par l'auteur
même selon la notation romaine. De ces deux
chantres, Charlemagne, de retour en France, en
envoya un à Metz et l'autre à Soissons, et, sur
son ordre, tous les maîtres de chant des villes
de l'empire leur donnèrent à corriger leurs
Antiphonaires, et apprirent d'eux à chanter.
» Ainsi furent corrigés les Antiphonaires
français que chacun avait à son aise altérés par
des additions ou des retranchements de toute
sorte, et tous les chantres de France apprirent
le chant romain, qu'ils appellent maintenant
chant français ; toutefois, ils ne purent jamais
bien rendre les sons tremblants, coulés, battus,
coupés dans le chant ; la rudesse naturelle et
barbare de leur gosier leur faisait plutôt faire

des chuchottements disgracieux que des rou-
coulements agréables. Du reste, la principale
école de chant fut toujours celle de Metz, et,
autant l'école romaine surpasse l'école de Metz,
autant le chant de cette dernière surpasse celui
de toutes les autres écoles françaises. Enfin, les
musiciens romains apprirent de même aux musiciens français à s'accompagner en chantant
avec des instruments ; dans un nouveau voyage,
le grand roi ramena de Rome en France des
maitres de grammaire et de calcul, et, sur son
ordre, l'étude des lettres se répandit partout.
Avant Charlemagne, la France n'avait jamais
eu, en effet, la moindre connaissance des arts
libéraux. » *(Sic.)*

Charlemagne ne borna point là ses réformes
civilisatrices : il ne faut pas oublier que, depuis
la conversion des Gaules au christianisme jusqu'à la découverte de l'imprimerie, l'*Eglise* fut
presque seule en France dépositaire de la tradition des lettres, des sciences et des arts. Les
nobles maniaient l'épée, les serfs cultivaient le
sol, les *clercs* seuls copiaient, dans les monastères, les manuscrits de l'antiquité, et ajoutaient
de nouvelles connaissances aux connaissances
acquises. Charlemagne, le premier, s'efforça de
changer quelque peu la direction de ce mouve-

ment intellectuel ; il voulut y faire participer toutes les classes ; lui-même ne dédaigna point de se mettre sous la conduite des plus habiles maîtres, et son palais impérial fut une vaste école où tout s'enseignait. Mais ce fut surtout l'art musical que ce grand roi chercha à développer, et, par là, il confirma le jugement de tous les philosophes de l'antiquité : les *études musicales* sont une partie essentielle de l'éducation d'un bon citoyen.

La *musique* suivit dès lors le même développement, la même marche que la langue, la grammaire et les *sept arts libéraux*, au nombre desquels les anciens l'avaient déjà comprise ; dans tous les monastères et dans tous les évêchés furent instituées des *écoles de chant* ; après celles de Metz et de Soissons, nous citerons surtout celles de Paris, Dijon, Cambrai, Lyon, Sens et Orléans. Paul Diacre fut chargé de réunir en deux volumes l'*office des fêtes* pour tout le cercle de l'année ; Charlemagne et sa famille se firent un honneur de prendre part aux leçons de *plain-chant* qui se donnaient dans l'école impériale ; on les vit même *chanter au lutrin* dans leur chapelle-musique, et, ce fut sur le modèle de la chapelle impériale, que Leidrade, archevêque de Lyon, forma dans sa cathédrale une *manécanterie*, où l'office était tout entier chanté par cœur comme cela se pratiquait chez l'empereur. En un mot, le *chant romain* fut introduit partout.

Du reste, à cet égard, la sévérité de Charlemagne était telle que, pour être reçu membre du sacerdoce, il fallait passer un examen rigoureux sur le *chant*, et que nul n'était admis dans son palais à moins qu'il ne sût *lire et chanter*. De pareilles prescriptions et l'exemple que le grand roi donna lui-même imprimèrent au *chant grégorien* un développement immense et le rendirent en quelque sorte populaire. Dès ce moment les églises de France, d'Allemagne et d'Italie ne connurent plus d'autre chant. L'élan donné par l'empereur excita un mouvement général : princes, évêques, grands personnages de tous rangs montrèrent le plus grand zèle, les uns à répandre le goût de la musique sacrée, les autres à composer des chants nouveaux, et cette impulsion ne fut pas même étouffée par la mort du puissant réformateur.

Tandis que Charlemagne composait l'hymne, qui se chante encore aujourd'hui à la fête de la Pentecôte, le *Veni Creator spiritus*, Bède, célèbre moine anglais, et Alcuin, son savant dis-

ciple, répandaient partout la *science musicale* ;
saint Chrodegang, évêque de Metz, saint Ro-
bert, évêque de Chartres, Rémi, abbé de Milan,
employaient tout leur crédit à favoriser dans
leurs diocèses l'extension de cet art divin ;
Dunstan, évêque de Cantorbéry, introduisait en
Angleterre la méthode de *chant à plusieurs
voix*, inventée par le pape Vitellien ; Théo-
dulphe, évêque d'Orléans, condamné par Louis-
le-Débonnaire à une prison perpétuelle, composait dans son cachot le cantique *Gloria, laus et
honor tibi, Christe Redemptor* ; il le chantait le
dimanche des Rameaux, au moment où le fils
de Charlemagne passait processionnellement, et
le prince brisait les fers de l'auteur inspiré.

Le successeur du fondateur de la monarchie
carlovingienne, Louis-le-Débonnaire ou le Pieux,
avait en effet hérité du goût de son père pour
la musique. Souvent il chantait l'office avec ses
clercs, et un orgue hydraulique de toute beauté
fut établi, par ses soins, dans la belle église
d'Aix-la-Chapelle. Charles-le-Chauve fut égale-
ment musicien, comme son père et comme son
aïeul ; il composa l'office du Saint-Suaire pour
Compiègne, le répons de saint Martin : *O quam
mirabilis*, et, lorsqu'il eut fondé l'abbaye de
saint Corneille, il fit présent aux moines d'un

livre d'offices qu'il avait composé lui - même.

Malgré tant de soin et tant de zèle, des variations assez grandes se glissaient de nouveau dans le *chant ecclésiastique* ; Louis-le-Débonnaire en fut effrayé, et, déjà sous ce prince, on dut envoyer un député à Rome avec la mission d'obtenir du pape un Antiphonaire sur lequel on pût de nouveau corriger ceux de France. Mais il n'en restait plus ; le dernier avait été remis à Walla, ministre de Charlemagne. Ainsi au IXᵉ siècle, à Rome même, le *chant grégorien* ne se conservait plus que par tradition. Rien de surprenant donc si la corruption s'établit de nouveau dans cette méthode, et si, abandonnée à la simple mémoire ou à la notation incertaine de l'époque, elle perdit sa pureté primitive.

C'est alors que, tandis que la *musique liturgique* était, pour un temps, reléguée dans un plan secondaire, la *musique profane* et l'*harmonie* firent leur première et sérieuse apparition, sous les auspices du franc Angelbert, du moine Godeschalc, et des contemporains du moine de Saint-Amand, Hucbald, et du moine de Pompose, Gui d'Arezzo.

X

DE L'INSTRUMENTATION DU Ier AU Xe SIÈCLE

Nous avons parlé, dans de précédents chapitres, des connaissances instrumentales des Hébreux, des Grecs et des Romains ; nous avons cité en Judée, en Grèce et en Italie : *la cithare, la lyre, la harpe, la flûte, les trompettes, les tambours, les cymbales et les crotales* ; nous avons constaté, dans ces trois pays, et généralement dans tous ceux qui subirent leur influence, l'existence, sous des aspects divers et des natures différentes, des *instruments à cordes, à vent et à percussion* ; nous allons maintenant établir que, dans des époques plus rapprochées et chez des nations mieux connues, *l'instrumentation* ne fut pas moins en honneur.

Toutefois, déterminer ici d'une manière positive la nature et la disposition des instruments de musique usités dans l'Europe occidentale depuis l'établissement du christianisme jusqu'au milieu du x° siècle, serait au-dessus de nos forces : les peuples qui ont tour-à-tour dominé pendant cette période d'invasion, ont effectivement dû faire progresser les arts aussi bien que les mœurs dans des proportions très inégales. Qu'une idée trop exclusive ne soit donc pas attachée à l'étude suivante, qui va clore l'histoire de la *musique ancienne* et servir d'introduction à l'*histoire de la musique profane et de l'harmonie au moyen âge.*

La musique *romaine* dérivait, on se le rappelle, de la musique *grecque* : les *instruments romains* ont eu la même origine. À Rome, comme à Athènes, toute l'instrumentation était, à peu de chose près, semblable : pour preuve, que l'on compare les instruments découverts à Pompéi et à Herculanum avec les instruments figurés sur les anciens vases grecs. La plupart fabriqués et joués par des musiciens venus de Grèce, ces instruments furent en usage pendant les cinq premiers siècles du christianisme, tant en Italie et en Espagne que dans la partie de la Gaule soumise aux Romains ; ils suivirent les vicissitudes de la musique grecque elle-même, qui a disparu peu à peu de l'Occident, après les dernières descentes des barbares; enfin, l'irruption des peuples du nord terminée, l'*instrumentation* suivit généralement la marche progressive que lui imprimèrent les besoins des nations naissantes.

Précédemment, les Gaulois paraissent aussi avoir eu leurs instruments de musique; la forme et le caractère de ces instruments ne nous sont connus que d'une manière imparfaite; nous savons néanmoins que les bardes se servaient de la *harpe* pour accompagner leurs chants religieux, et qu'au moyen de *trompettes* retentissantes, ils surexcitaient le courage des soldats, déjà remplis d'une ardeur fiévreuse par leurs chants de guerre.

A la même époque, les Saxons possédaient une espèce de *cithare* en forme de delta; les Bretons jouaient du *crowt*, boîte sonore sans échancrures, disposée en carré long, possédant trois cordes dont les sons s'obtenaient par le frottement d'un *archet*; enfin, l'apparition dans la Gaule méridionale de la *lyra*, espèce de *mandoline*, et, dans l'intérieur de la haute Germanie, du *goudok*, violon rustique à trois et six cordes, semblait vouloir présager déjà et pour ainsi dire préparer l'apparition de *l'instrumentation populaire.*

Aujourd'hui encore, le *crowt* est l'instrument dont se servent de préférence les bardes welches, et le *goudok* résonne dans toutes les chaumières des paysans des environs de Moscou ; quant à la *lyra*, il n'en reste trace que dans les dessins des manuscrits de l'abbaye Sainte-Blaise. Ces trois instruments, fondus en un seul, ont formé le *violon*, et, puisque ni l'Egypte ni la Grèce ne nous ont transmis quelque indice, quelque description d'un *instrument à archet,* on peut le regarder avec fondement comme originaire de l'Occident et lui donner pour ancêtres les instruments précités.

A bien considérer deux autres instruments, actuellement fort en usage, on sera toutefois contraint d'établir pour eux une origine bien différente et bien plus antique. Si vous enlevez les différentes parties d'une *vielle* ; si vous la réduisez à un corps concave armé d'un manche, sur lequel des cordes sont tendues, que retrouvez-vous, sinon le *canon,* autrement dit le *chelys,* monocorde qui figure dessiné sur une foule de monuments des plus anciens ? Bien mieux, dépouillez un *piano* de ses marteaux

en peau, arrivez au clavecin et aux sautereaux
armés de plumes de drap, enlevez ces sautereaux et les touches, vous retrouvez encore le
tympanon, que l'on frappait avec des bâtons
de cymbaliers ; privez encore l'instrument et
des bâtons et de la caisse, vous retrouvez la
harpe, dont l'invention est due aux Hébreux.

Mais ces rapprochements et ces conjectures
ne sont pas ici à leur place, revenons à notre
premier sujet.

Les instruments de musique du VIe au VIIIe
siècle ne sont guère connus que par les descrip-
tions qu'en ont faites Isidore de Séville et
Fortunatus de Poitiers, de même que par les
précieux dessins recueillis par l'abbé Gerbert.
L'introduction, vers cette époque, de la musique
instrumentale dans la célébration des offices
divins, nous fait cependant croire que le nombre et le mérite des instruments d'alors avaient
quelque valeur. Néanmoins, cet emploi des
instruments dans les églises ne fut ni général
ni constant ; on le prohiba ou on le maintint
selon les pays ; le plus souvent on préféra celui
des instruments *à cordes et à percussion* à celui
des instruments *à vent*. Quant à la nature et à
la disposition de ces instruments, on peut fa-
cilement en juger par l'examen d'un chapiteau

du xi° siècle de l'église de Saint-Georges de Bocherville, près Rouen : on verra là un monument de la plus grande importance comme morceau de sculpture et surtout comme document musical.

Quoi qu'il en soit, il est certain qu'il n'y eut rien de réglé touchant l'*instrumentation religieuse* jusqu'à l'apparition de l'*orgue*, dont la force et l'éclat répondirent mieux à la vigueur du chant de la multitude, et qui, par ses sons graves et majestueux, fut aussitôt reconnu pour le véritable instrument de l'église.

Saint Augustin nous apprend que l'*orgue pneumatique* existait dès les premiers siècles du christianisme, mais sans nous rien dire sur sa construction, sa force et la disposition de ses jeux. L'époque précise de son introduction dans les églises ne nous semble pas remonter, en tous cas, au-delà du viii° siècle : toujours est-il, au reste, que le premier orgue de ce genre dont on trouve des indices en Occident, est celui qu'en 757 l'empereur Constantin Copronyme envoya à Pépin-le-Bref ; le roi franc le fit placer dans l'église de Sainte-Cornille à Compiègne, et, en 1768, il fut restauré et transporté dans l'église Saint-Jacques de la même ville, où il se trouve encore.

Le mécanisme de cet instrument était sans doute imparfait et grossier ; il se répandit pourtant d'une façon rapide dans toutes les contrées de l'Europe. Louis - le - Débonnaire , fils de Charlemagne, en fit construire un magnifique pour sa belle église d'Aix-la-Chapelle ; son exemple fut suivi, et, au Xe siècle, il en existait déjà dans les villes principales d'Allemagne, de France et d'Italie.

L'*orgue* combla les vœux des *liturgistes* : il fut l'*orchestre* que réclamait le *plain-chant* ; ses trompettes sonores semblèrent annoncer le jugement dernier ; ses flûtes lointaines parurent l'écho des concerts des anges ; la ferveur, le recueillement, l'enthousiasme religieux saisirent les masses : toute l'échelle des sons put être embrassée ; tous les genres de voix purent être accompagnés ; la *science harmonique* fut forcée de prendre naissance.... L'*histoire de la musique au moyen âge va nous* faire assister à son développement.

FIN DE LA PREMIÈRE PARTIE.

TABLE DES MATIÈRES

9 782329 264479